AF176176

Books on Demand Norderstedt

Der Autor

Dem Ehrgeiz der starken Mutter folgend, stand eines Tages der einfache, aus der Eifel stammende Handwerkersohn vor dem schwindelerregenden Mount Everest eines Medizinstudiums und der fernen, fremden Welt der Akademiker. Nach zwanzig Jahren als ärztlicher Direktor einer Klinik galt es, auch den Ruhestand mit Leben zu erfüllen. Schreiben und Malen wurden ihm zu einer fordernden, fördernden, das Selbstwertgefühl stabilisierenden und den Alltag bereichernden Leidenschaft.

Die Seele kann nicht sterben

Hubertus Saurbier

Books on Demand Norderstedt

Jetzt, im „gesegneten" Alter wollte, nein musste ich unbedingt in Erfahrung bringen, was passiert mit mir, wenn meine Zeit auf Erden abgelaufen ist?

Ich nahm mir fest vor, eine Antwort auf diese, mich zunehmend faszinierende Frage zu finden.

Zunächst drängten sich, mich zutiefst bewegende Fragen, in den Vordergrund.

Widerspricht es nicht aller Logik, dass ein bewusstes, verantwortungsvolles und facettenreiches Leben einfach so in einem sinnlosen Nichts verschwinden soll?

War mein Glauben, Beten und Danken nichts Anderes als Morphium für die Seele? War die Taufe nur die Einleitung in ein hilfreiches Märchen?

Vielleicht dient das Menschsein nur dem Überleben der Menschheit?

Können sich weltweit mehrere Milliarden Menschen der verschiedensten Religionen irren, die an ein Leben nach dem Tod glauben?

2

Und weitere Fragen tauchten auf.

Müsste man nicht davon ausgehen, dass es ohne ein Weiterleben nach dem irdischen Tod, keine ewige Gerechtigkeit geben kann? Und wenn es keine ewige Gerechtigkeit gibt, dann könnte der Mensch ein völlig gewissenloses Leben führen. Doch der Mensch als „intelligentes" Raubtier wäre der Untergang der Menschheit.

Wäre es nicht ein hässlicher Affront gegen alle Vernunft, wäre es nicht eine Blasphemie anzunehmen,

Gott hätte mit dem Menschen nach seinem Bilde ein Werk ohne Sinn, ohne Ziel und somit ohne Bedeutung und ohne Wert geschaffen?

All diese Fragezeichen haben mir endgültig den erforderlichen Mut verliehen, zumindest zu versuchen, einige Blicke über die Grenzen zu riskieren.

Erfahrungen, Fakten und

neueste Forschungsergebnisse

boten mir die Plattform für

spekulative

Blicke über die Grenzen.

1. Blick

Das Wertvollste im Universum ist das Leben. Und woher stammt dieses wertvolle Gut?

Aus Nichts kann Nichts entstehen. Aus lebloser Materie kann kein Leben entstehen.

Das Leben ist in unserer Welt, kann aber nicht von dieser Welt sein.

Den klügsten Köpfen unter den Wissenschaftlern wird es auch in aller Zukunft nicht gelingen, Leben in der Retorte zu erzeugen. Wenn das Leben nicht diesseitigen Ursprungs ist, dann muss es jenseitiger Herkunft sein.

Erst nach einer über 3 Milliarden Jahre währenden dramatischen

Entwicklungsgeschichte war unser Planet in der Lage, die Gastgeberrolle für Leben zu übernehmen.

Vermutlich kam das Leben in einer einzigen winzigen Zelle zur Welt. Man könnte eine Parallele zur Weihnachtsgeschichte erahnen.

Eine bisher etwa 3,5 Millionen Jahre währende und nie enden werdende Evolution hat eine unendliche Vielfalt der verschiedensten Lebensformen entstehen lassen.

Pflanzen, Tiere und Menschen sind eine harmonische Symbiose aus diesseitiger Materie und einem jenseitigen Wunder, dem Leben.

2. Blick

Wissenschaftler hatten eine sensationelle Entdeckung gemacht. Sie wollten ihren Augen nicht trauen. Die Forscher waren einem Phänomen auf die Spur gekommen, das es nach den Gesetzen der Physik gar nicht geben konnte. Sie waren auf ein Etwas gestoßen, das sowohl diesseitige als auch jenseitige Eigenschaften besitzt.

Es ist die Quantenphysik, die diese sensationelle Entdeckung gemacht hatte. Ein verhältnismäßig junger Zweig der klassischen Physik.

Als Begründer der Quantenphysik gilt der deutsche Physiker und Nobelpreisträger Max Planck. Er lebte von 1858 bis 1947.

Gegenstand der Quantenphysik sind diese Quanten.

Quanten sind unvorstellbar winzige Energiebündel. Sie sind wesentlich kleiner als Atome und daher unsichtbar.

Fest steht, dass alles Irdische den Naturgesetzen bedingungslos ausgeliefert ist und alles Jenseitige selbstverständlich außerhalb jeglicher Naturgesetze existiert.

Und dann die Sensation. Die Physiker stellten fest, dass ihre Quanten je nach Belieben den Naturgesetzen folgten, oder die Naturgesetzte missachteten.

Das Weltbild der klassischen Physik bedurfte einer tiefgreifenden Rehabilitation.

3. Blick

So zum Beispiel besitzen Quanten die Fähigkeit, gleichzeitig, das heißt ohne Zeitverlust, miteinander zu kommunizieren. Und das auch dann, wenn sie Lichtjahre voneinander entfernt sind.

Entsprechend der Naturgesetze ist eine Kommunikation von einem Punkt zum anderen nur als Nachricht möglich. Diese Nachricht wäre aber im schnellsten Fall mit Lichtgeschwindigkeit unterwegs. Von der Sonne zur Erde benötigt Licht schon über acht Minuten.

Zur Überwindung von Distanzen, die zig Lichtjahre ausmachen, dauert die Reise eines Lichtstrahls auch zig Jahre.

Und was machen die wundersamen Quanten? Sie kommunizieren ohne Zeitverlust quer durch das ganze Universum.

Weiterhin können diese Winzlinge ungehindert selbst die dichtesten Materialien durchdringen, so als würden sie durch ein großmaschiges Netz fliegen.

Ein Lichtstrahl besteht aus Lichtenergie abgebenden Quanten, auch Photonen genannt.

Sie jagen mit Lichtgeschwindigkeit durchs Weltall.

Als Gravitationswellen lassen sie den Apfel vom Baum fallen, halten Planeten in ihrer Umlaufbahn um ihr Zentralgestirn und selbst Galaxien ziehen sich gegenseitig an.

All das spricht dafür, dass Quanten diesseitige, aber gleichzeitig auch jenseitige Eigenschaften besitzen.

Und dies wiederum lässt den unglaublichen Schluss zu, dass Quanten sowohl diesseitig als auch jenseitig sind.

4. Blick

Diese mini-kleinen Energieeinheiten sind mit hochspezialisierten Programmen ausgestattet.

Die Wissenschaftler stehen ehrfurchtsvoll staunend vor der ungeahnten Bedeutung dieser Winzlinge für die gesamte Schöpfung.

Atome und Moleküle sind das Gerüst der Materie.

Eine weitere sensationelle Fähigkeit dieser Quanten besteht darin, der Materie ihre spezifischen Eigenschaften zu verleihen.

Wie zum Beispiel Dichte, Farbe, Leitfähigkeit, Magnetismus und auch Schwerkraft.

5. Blick

Weitere Forschungsergebnisse ließen sogar darauf schließen, dass diese phänomenale Neuentdeckung, dass die Quanten die Fähigkeit besitzen, Jenseitiges mit Diesseitigem zu einer harmonischen Einheit zusammen zu bringen.

Hier drängt sich die kühne Frage auf: Haben die Forscher ein ´missing link´ entdeckt, ein Bindeglied zwischen dem Jenseits und dem Diesseits?

17

Diese sensationelle Quantenleistung besteht darin, lebloses Material in die Lage zu versetzen, Leben anzunehmen.

So entstehen dank der Quantenenergie aus lebloser Materie lebende Gewebe, Organe, Organsysteme und damit Lebewesen.

Ohne diese winzigen, wunderbaren ´Energieriesen´ gäbe es im Universum nur öde, tote Materie, keine Pflanzen, keine Tiere und keine Menschen.

Ohne Quanten wäre die Erde nicht der spirituelle Mittelpunkt des Universums.

Der italienische Nobelpreisträger Senator C. Rubia geht sogar davon aus, dass Materie nur ein milliardstel Teil der Realität sei.

Die Quanten sind aber nicht nur beauftragt, Materie mit dem Leben kompatibel zu machen.

Sie sorgen zusätzlich dafür, dass sich das Leben ein Leben lang in dem Material, in dem Gewebe in dem Organismus zu Hause fühlt.

Materie und Leben sollen gemeinsam funktionieren, sich gemeinsam weiterentwickeln und sich fortpflanzen.

In einer Metapher käme den Quanten die Rolle eines Pinsels zu, der von einer jenseitigen Hand geführt, Farben auf einer materiellen Künstlerleinwand in einem wunderbaren Bild zum Leuchten bringt und das Dargestellte mit Leben erfüllt. Dieser Pinsel wäre das Bindeglied zwischen Jenseitigem und Diesseitigem.

6. Blick

Auf Erkenntnissen beruhende Überlegungen und Vermutungen aus der Quantenphysik deuten darauf hin, dass die Handlanger der Schöpfung, die Quanten, bei einer weiteren Sensation die Finger im Spiel haben.

Bleiben wir bei unserer Metapher. Die Hand des großen jenseitigen Künstlers hat nicht nur ein sichtbares Bild des Menschen gemalt.

Dieser überirdisch geniale Meister hat das gleiche Bild noch einmal geschaffen.

21

Obwohl beide Bildthemen absolut identisch sind, besteht ein gewaltiger Unterschied. Das erste Bild ist sichtbar, das zweite Bild ist unsichtbar, es ist geistiger Natur.

Der Mensch, so wie wir ihn wahrnehmen, entspricht dem sichtbaren, das unsichtbare Bild dem spirituellen Menschen. Der Mensch ist während seines irdischen Seins eine Symbiose beider Bilder, eine Symbiose von Diesseitigem und Jenseitigem.

Das Jenseitige, das Spirituelle des lebenden Menschen bedarf einer genaueren Betrachtung.

22

Der Mensch ist ausgezeichnet mit einer höchstspezifischen, geistigen Eigenheit, mit dem Bewusstsein. Dieses Bewusstsein umfasst eine Vielzahl unterschiedlicher geistiger Bausteine.

Bei diesen geistigen Bausteinen handelt es sich unter anderen um die Liebe, die Güte, aber auch das Gegenteil, das Böse und den Hass. Der Mensch ist sich seiner Unvollkommenheit und seiner Vergänglichkeit bewusst.

Er besitzt ein Pflicht-, Schuld- und Gerechtigkeitsbewusstsein.

Passt nicht auch die Sehnsucht nach einem Gott und nach einem ewigen Leben in das Bewusstsein des Menschen?

Ein außergewöhnlicher, übernatürlich genialer, spiritueller Baustein ist das Gewissen. Das persönliche Gewissen entspricht diesseits wie jenseits der einzigen Fehlurteil freien Rechtsprechung.

Hier finden alle individuelle strafverschärfende und strafmildernde Umstände bei der Urteilsfindung Berücksichtigung.

Es ist zum Beispiel davon auszugehen, dass der Sohn des Dorfpfarrers eine andere Werteskala besitzt, als der Spross vom Mafiaboss.

7. Blick

Dieses unsichtbare, geistige Bild des Menschen, ist die Seele.

Leib und Seele sind zu Erdenzeiten eine Einheit, eine einmalige Person, ein Individuum.

Alles Diesseitige unterliegt der Dimension der Zeit und hat somit ein zeitliches Ende. Es ist dem Gesetz der Vergänglichkeit ausgeliefert.

Das Jenseitige, das Spirituelle, selbstverständlich auch die Seele existiert außerhalb aller weltlichen Dimensionen, außerhalb aller Naturgesetze und außerhalb von Raum und Zeit.

Das bedeutet, dass es für alles, was außerhalb der Dimension Zeit existiert, kein zeitliches Ende geben kann.

Der körperliche Mensch wird sterben. Die Seele kann nicht sterben. Sie ist Teil der zeitlosen Ewigkeit.

27

8. Blick

Ein absolutes Naturgesetz lautet: Energie geht nie verloren, sie kann nur in eine andere Energieart umgewandelt werden.

Im Krematorium wird die Energie der Quanten des Körpers umgewandelt in Hitze und Licht. Bei der Verwesung von biologischem Material, wie nach der Erdbestattung, bedient die Quantenenergie die Energieversorgung von Insekten, Würmern oder allerlei Mikroben.

Was aber geschieht beim Tod mit den Quanten des spirituellen Menschen?

Was geschieht in der finalen Situation mit der Quantenenergie, die für das so bunte Bild der existierenden Seele zuständig ist?

Noch einmal zur Bestätigung: Energie kann sich nicht in „Luft" auflösen, Energie kann sich nicht einfach in nichts auflösen. Dieses eherne Gesetz gilt auch für die Quantenenergie.

Diese Energie erleidet durch die Trennung von Leib und Seele keinerlei physikalische Beeinflussung oder Veränderung.

Beim Tod des Körpers erfährt die Energie der zur Seele

gehörenden Quanten keinerlei Veränderung. Die Seele wird vom Tod des Körpers nicht berührt. Das bedeutet, dass der spirituelle Mensch nach dem Tod derselbe ist, der er auch vor dem Tod war.

Er empfindet weiterhin genauso wie auch vor dem Tod.

Er hört ohne Ohren, sieht ohne Augen, er kann sprechen ohne Stimmbänder, denken, fühlen und sich erinnern ohne Gehirnsubstanz.

Er wird aber eine Fülle neuer, wunderbarer Erfahrungen machen, wie zum Beispiel das Nicht-Vorhandensein der Schwerkraft und ein Sein ohne räumliche und zeitliche Bindung, ohne Uhr und ohne Kilometerzähler.

Vor allem wird er erkennen, dass sein neues Zuhause nur eine Dimension kennt. Die Dimension der Liebe.

9. Blick

Hier schließt sich der Kreis zu den Nahtoderfahrungen zahlreicher Menschen.

Schwerer Verkehrsunfall oder Operation auf Leben und Tod. Je nach Art der Verletzung oder Erkrankung kann es geschehen, dass sich der spirituelle Mensch bereits von seinem Körper trennt.

Die betroffene Person gilt zweifelsfrei als klinisch tot. Gelegentlich dauern Wiederbelebungsversuche mehrere Minuten.

Immer wieder wird von sensationellen Aussagen der erfolgreich Reanimierten berichtet.

Die Äußerungen der Nahtoderfahrenen weisen verblüffende Ähnlichkeit auf.

Plötzlich schwebten sie über der Unfallstelle oder über dem Operationstisch. Sie sahen all dass, was mit ihrem leblosen Körper geschah. Sie hörten genau, was dort gesprochen wurde.

Unvorstellbares Erstaunen herrschte, wenn die Reanimierten den Rettungskräften oder dem OP-Personal haargenau und wortgetreu beschreiben konnten, was in der Zeit des klinischen Todes getan oder gesprochen wurde.

Der Körper war klinisch tot. Aber die Betroffenen lebten körperlos weiter. Sie konnten hören und sehen.

Fast alle Nahtoderfahrenen berichten, dass sie außerhalb ihres Körpers von einem bisher nicht bekannten Glücksgefühl erfüllt waren und dass sie nicht den Wunsch verspürt hatten, wieder zurück zu kehren.

10. Blick

Die Sensation ist perfekt.

Wissenschaftliche Beweisführung und religiöse Lehre stehen sich nicht mehr widersprüchlich gegenüber. Wissenschaft und religiöse Dogmen sind in einem entscheidenden Punkt keine Gegensätze mehr.

Ganz im Gegenteil, die Quantenphysik bestätigt die Lehre vom Leben nach dem Tod.

Dank der Quantenphysik sprechen Kirche und Wissenschaft hier eine gemeinsame Sprache.

36

Werner Karl Heisenberg, geb. am 5. Dezember 1909 in Würzburg, gest. am 1. Februar 1976 in München galt als einer der weltweit anerkannten Mitbegründer der Quantenphysik.

Von ihm stammt die beachtenswerte Aussage: „Der erste Trunk aus dem Becher der Naturwissenschaft macht ungläubig, aber auf dem Grund des Bechers wartet Gott.

Der Quantenphysiker, Professor Hans-Peter Dürr, ehemaliger Leiter des Max-Planck-Instituts für Physik in München vertritt die Auffassung: „Was wir Diesseits nennen, ist im Grunde die Schlacke, die Materie, also das, was greifbar ist.

Das Jenseits ist alles Übrige, die umfassende Wirklichkeit, das viel Größere."

Ausblick

Ohne Leben wäre unsere Erde ein bedeutungsloses Staubkörnchen irgendwo am Rande des 45 Milliarden Lichtjahre umfassenden Universums.

Der, mit Herz und Verstand ausgestattete Mensch, sollte bewundernd und ehrfurchtsvoll niederknien vor dieser übernatürlich genialen Schöpfergabe, vor dem Leben. Vor allem vor dem bewussten Leben, vor dem Menschen.

Das einzige dem Menschen
offenbarte Gebot lautet:

**„Liebe, hege und pflege sorgfältig
und respektvoll alles Leben, nicht
nur dein eigenes, nicht nur das des
Menschen, sondern auch das der
Tiere und der Pflanzen.“**

Diese Offenbarung, ist der Maßstab
für alles menschliche Handeln.

Liebe bedeutet bei Weitem nicht
nur Almosen, Spenden und
Geschenke.

Wer liebt gibt von dem, was er besitzt, was er weiß und was er kann, denen, die Hilfe und Unterstützung benötigen.

Im Sinne der Nächstenliebe handeln alle Menschen, die ihren Beruf gewissenhaft und höflich ausüben. Das betrifft unter anderen den Politiker, den Geistlichen, den Juristen, den Arzt, den Polizisten, den Kriminalbeamten, den Makler und auch den Geschäftsmann.

Wer gegen das Gebot der Liebe aus Eigennutz oder Macht-und Geldgier verstößt, belastet sein Gewissen mit entsprechender Schuld.

Die größte und schändlichste Sünde, die ein Mensch begehen kann, ist die Missachtung, die Misshandlung und vor allem die Vernichtung oder gar Ausrottung von allem, was mit Leben erfüllt ist.

Der weltlichen Justitia kann man entkommen, aber der ewigen Gerechtigkeit, dem ewigen Gewissen nicht. Das Gewissen wird die Seele in die zeitlose Ewigkeit begleiten. Ein belastetes Gewissen ist in der zeitlosen Ewigkeit ein schlechtes, gegebenenfalls sehr quälendes Ruhekissen.

Meine, mich überzeugenden
Antworten:

**Der spirituelle Mensch, die Seele,
wird über den irdischen Tod hinaus
weiterleben.**

**Dein Himmel ist, was du auf Erden
daraus machst.**

Auf den ersten Blick

Es wäre paradox, an der Existenz des Menschen zu zweifeln.

Dem gegenüber gerät alles, was die Augen nicht sehen, die Ohren nicht hören oder der Tastsinn nicht berühren oder erfühlen kann, umgehend in den Dunstkreis der Esoterik, des Okkultismus oder der Märchen.

Und was ist mit der dem Menschen zugeschriebenen Seele?

Obwohl sehr viel über die Seele geredet wird oder geschrieben steht, entzieht sie sich den neugierigen Linsen aller optischen Geräte. Es gibt keine Seele in Stein gemeißelt oder aus Holz geschnitzt.

Der Tatzeuge liefert ein perfektes Phantombild des Täters. Aber ein Phantombild der Seele wäre außerhalb jeder Realität.

Andererseits widerspräche es jeder Vorstellung und Erfahrung, dass der Mensch ein seelenloses, nur aus Körper, Verstand und Gefühlen bestehendes Wesen sei.

Aber wo könnte man die zum Menschen gehörenden, spirituellen Phänomene einordnen, wie zum Beispiel die Liebe, den Glauben und die Hoffnung, das Bewusstsein, die Unterscheidung von Gut und Böse, das Gewissen und nicht zuletzt die Sehnsucht zu wissen, woher und wohin?

Die Physis, die Ratio und das Emotionale sind wesentliche Kriterien des Menschen. Aber sie reichen für sich alleine bei weitem nicht aus, eine realitätsnahe Beschreibung des Menschen abzugeben.

46

Das Wesen Menschen ist eine wunderbare Symbiose aus Materialität und Spiritualität.

Und diese seine spirituelle Seite ist kein unerkanntes und unerreichbares Etwas. Des Menschen spirituelle Dimension lässt sich nicht nur erahnen, nein, sie lässt sich beschreiben und sogar beeinflussen.

Typische Umschreibungen der menschlichen Spiritualität sind die Wesensart, der Charakter oder die sogenannten inneren Werte. Diese geistigen Elemente könnte man auch als die Sprachen der Seele bezeichnen.

Jeder Mensch ist sogar ausgestattet mit Spiegel und Fenster, mit deren Hilfe ein Blick in seine spirituelle Welt möglich wird. Darüber hinaus besteht kein Zweifel daran, dass umgekehrt Charakter und Seele erkennbaren Einfluss auf das Körperliche, auf das Erscheinungsbild nehmen können.

Wie ist das zu verstehen?

Hier einige Beispiele:

Liebe Worte der Anerkennung oder des Lobes, also ehrlich gemeinte Komplimente, werden von zwei körperlichen Organen wahrgenommen. Das Ohr ist zuständig für die Worte und deren Stimmung. Es leitet das Gehörte über Nervenbahnen zum Gehirn. Dort wird verstanden und bewertet. Daraufhin werden Glückshormone ausgeschüttet, die ein körperliches, gefühlsmäßiges und geistiges Wohlbefinden auslösen.

Das größte und sensibelste Organ des Körpers, die Haut wird mit zarter Hand liebevoll gestreichelt. Ein unbeschreiblich wohltuendes Empfinden durchflutet den Körper. Das wiederum hat zur Folge, dass so zu sagen jedem Millimeter des Körpers viel Gutes wiederfährt. Und genau dies hat messbare gesundheitliche Auswirkungen auf den gesamten Organismus. So, zum Beispiel, werden Abwehr- und Heilkräfte gestärkt und das Immunsystem in Schwung gebracht.

Aber nicht nur Komplimente oder Streicheleinheiten sondern alles, was dem Menschen an Gutem, Schönem und Liebem, an Erfolg oder an Muße widerfährt, ist wie ein heilsamer Cocktail, ist wie Medizin für den Körper, die Gefühle und den Verstand.

Da aber Leib und Seele eine innig verschmolzene Einheit sind, ist alles, was dem Körper gut tut auch Balsam für die Seele. Es gilt als Erfahrungsgut, dass vor allem die Haut, das größte Organ des Körpers, als besonders geeigneter Zugang zur Seele angesehen wird.

Deshalb erweisen sich Hautkontakte, wie Handauflegen, Streicheln oder Kuscheln unter Liebenden, als eine wirkungsvolle Wohltat für Leib und Seele.

Partnerschaftliche Liebe würde ohne das Medium Haut austrocknen.

Der Urlauber im Strandkorb lässt die Seele baumeln.

Der Chef, der die Mitarbeiter lobt, verteilt Streicheleinheiten, die die Seele berühren.

Aus zerstörendem Dysstress wird aufbauender Eustress.

Nun ist diese Körper- Seele-
Beziehung keine Einbahnstraße.

So kann sich umgekehrt die Seele in
körperlichen Bereichen zu erkennen
geben oder sie kann sogar Einfluss
nehmen auf den Körper.

Uralte Volksweisheiten: „Die Augen
sind der Spiegel der Seele."

„Blicke sagen mehr als Worte."
„Worte können lügen, die Augen ab
er nicht."

„Schau in die Augen, und du weißt,
wer vor dir steht."

„Schau mir in die Augen Kleines…"
(Humphrey Bogart, Ingrid
Bergmann, 1942, Casablanca.)

Und wieder sind wir einem Wunder
begegnet. Wie die Quanten, so
kann man auch die Augen als ein
Bindeglied zwischen der materiellen
und der spirituellen Welt des
Menschen ansehen, als eine Brücke
zwischen Diesseitigem und
Jenseitigem.

In der Entwicklungsgeschichte der
Menschheit spielte eine Fähigkeit
eine entscheidende Rolle im fast
täglichen Kampf ums Überleben.

Ging es doch darum, bei der ersten Begegnung mit einem wildfremden Menschen, in Bruchteilen einer Sekunde, so zu sagen auf den ersten Blick, zu erkennen, ob der Fremde freundlicher oder feindlicher Gesinnung ist.

Diese über Jahrtausende erlernte Fähigkeit ist uns bis heute erhalten geblieben. Inzwischen geht es beim ersten Aufeinandertreffen zweier Menschen nicht mehr unmittelbar um Leben und Tod.

Aber wir sind in der Lage, uns „auf den ersten Blick" ein Bild von Charaktereigenschaften des Fremden zu machen.

Dazu reicht meist ein kurzer, erster Blick in das Gesicht des Anderen.

Dieser erste Eindruck bestimmt häufiger als man vermuten würde, den Verlauf der weiteren Beziehung.

Schon die Psycho-Physiognomik, eine uralte Lehre, konnte nachweisen, dass vor allem das Gesicht Auskunft geben kann über den Charakter, über das Wesen eines Menschen. Neuere wissenschaftliche Untersuchungen bestätigen diese Beobachtungen.

Somit könnte man das Gesicht, sinnbildlich ausgedrückt, als ein optisches Gerät bezeichnen, das einen Blick in die spirituelle Dimension des Menschen erlaubt.

Veranlagungen, sprich Gene, und das Umfeld prägen vor allem in der Kindheit und Jugend, den Charakter.

Sicher ist aber auch, dass sich der Charakter eines Menschen im Laufe des Lebens ändern kann. Unabdingbare Voraussetzungen für eine Charakteränderung sind attraktive, nacheiferungswerte Vorbilder, sowie die Fähigkeit zur Selbsterkenntnis und Selbstkritik. Zusätzlich wären Disziplin und Standfestigkeit gefragt.

Charakteränderungen, leider nicht immer nur zum Guten.

Der Seelenspiegel, das Gesicht, wird nie erblinden, und weiterhin jede Umgestaltung des Charakterbildes erkennen lassen.

Die Zeit entflieht unaufhaltsam in die Ewigkeit. Die gefühlte Unsterblichkeit der Jugend wird von der Vergänglichkeit allzu schnell und schonungslos eingefangen. Manch ein Betrachter wird sein eigenes Spiegelbild „zum Kotzen" finden.

Aber, gegen alle Erwartungen können Alterungsprozesse der Spiegelkraft des Gesichtes nicht schaden.

Ganz im Gegenteil. Mit fortschreitendem Alter gewinnt das markanter gewordene Spiegelbild mehr und mehr an Aussagekraft.

Nach den Maßstäben jugendlicher Schönheitsideale mag bei oberflächlicher Wahrnehmung ein altes Gesicht hässlich und abstoßend wirken.

Aber das vom Alter gezeichnete Gesicht ist leicht durchschaubar, es gibt klar und deutlich den Blick frei auf den spirituellen Menschen.

Und plötzlich wirkt dieses alte Gesicht sympathisch, denn es ist der Spiegel einer liebenswerten Seele.

Ehepaare, die zusammen in Liebe alt geworden sind, nehmen immer weniger das Äußere ihres Partners wahr. Es ist nicht mehr das von den Jahren gezeichnete Erscheinungsbild, was sie in inniger Verbundenheit zusammenschweißt.

Die Liebe im Alter ist die Liebe der Seelen, es ist die zeitlose Liebe der Ewigkeit.

Blickstudien

Schauen Sie sich die Gesichter auf den folgenden Seiten genau an. Versuchen Sie die Charaktereigenschaften zu entdecken und zu beschreiben.

Verwenden Sie nur Adjektive. Siehe folgende Beispiele von Eigenschaftswörter.

Spannend wird es, wenn mehrere Personen ihre Charakterbeschreibungen miteinander vergleichen.

64

65

66

67

68

69

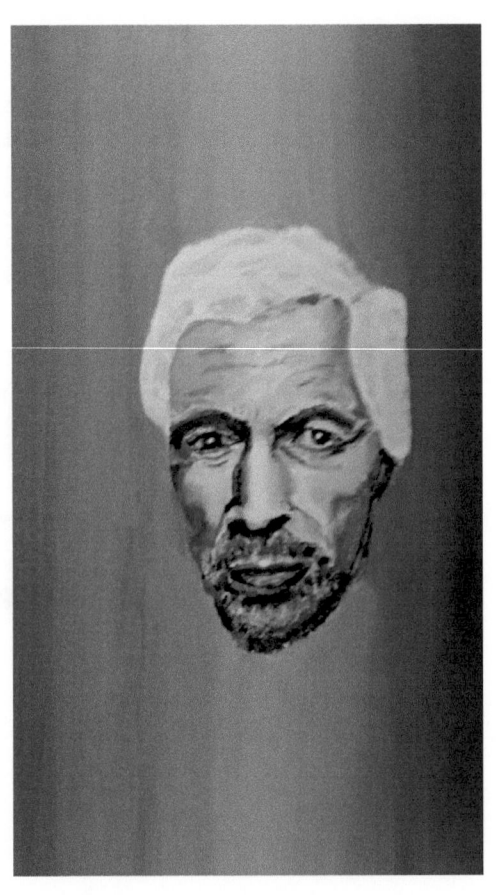

70

71

72

73

74

75

76

77

78

Beispiele: Eigenschaftswörter

Akkurat, ansprechend, anziehend, aufgeschlossen, aufrichtig, ausgeglichen.

Berechnend, bescheiden, besonnen, bestimmen, bösartig.

Charismatisch, charmant, clever, couragiert.

Depressiv, dickköpfig, diplomatisch, distanziert, dominant, dynamisch.

Egoistisch, ehrgeizig, eiskalt, eitel, energisch, entschlossen.

Fair, feinfühlig, furchtlos.

Gleichgültig, grob, gütig, gutmütig.

Hartherzig, herzlos, hochnäsig,
hinterlistig,

intellektuell, intelligent, ironisch.

kaltblütig, knallhart, kompetent,
konsequent.

Magisch, markant, maßlos,
missgünstig.

Nachtragend, neidisch, neugierig.

Offen, optimistisch,
ordnungsliebend.

80

Passiv, pessimistisch, pfiffig, plump,
präzise, Rechthaberisch, reserviert,
rücksichtslos, rücksichtsvoll.

Scheu, schüchtern, selbstbewusst,
seriös, skeptisch, skrupellos,
starrköpfig, stur.

Umgänglich, unantastbar,
unberechenbar, unsicher.

Verantwortungsbewusst,
Verantwortungslos, verschlagen,
vertrauensvoll, verzweifelt.

Wahrheitsliebend, warmherzig.
wichtigtuerisch, willensstark, witzig.

Zärtlich, zielstrebig, zufrieden, zwielichtig.

Ängstlich, überheblich, übermütig, überzeugend.